MÉMOIRE

PRÉSENTÉ

A LA COMMISSION DU BUDGET

IMPOT SUR LE REVENU

SUBSTITUÉ AUX QUATRE CONTRIBUTIONS DIRECTES

(Contribution Foncière et des portes et fenêtres, Mobilière, Personnelle, et Patente).

Par M. ROCHARD

ANCIEN EMPLOYÉ SUPÉRIEUR DE L'ADMINISTRATION DE L'ENREGISTREMENT ET DES DOMAINES

PARIS

IMPRIMERIE VICTOR GOUPY

RUE GARANCIÈRE, 5

PREMIÈRE PARTIE

I

L'impôt peut varier de forme, mais il sera toujours l'une des premières nécessités sociales.

Payer l'impôt est un devoir pour tout homme vivant en société; de son côté la société doit trouver un élément direct de moralisation, aussi bien dans les bases qu'elle donne à l'impôt que dans les ressources qu'elle en retire.

— La science économique doit donc rechercher et trouver les impôts qui peuvent le mieux permettre aux contribuables de satisfaire à ce devoir, et à la société de remplir cette grande et salutaire mission.

Base équitable,
Perception facile,
Produits élevés,

telles sont incontestablement les conditions qui caractérisent un impôt bien assis.

S'il est vrai de dire qu'il est plus facile de critiquer les impôts établis que de donner, à l'appui d'un nouvel impôt proposé, des raisons qui le justifient aux yeux de tous, nous croyons qu'il n'est pas moins vrai de dire que, parmi les impôts perçus aujourd'hui en France, il en est peu se justifiant par une base équitable, une perception facile; et, dès lors, qu'il est nécessaire d'étudier la matière, afin de trouver des impôts mieux justifiés.

Grâce à Dieu, nous sommes aujourd'hui nantis de nos droits civils et politiques, débarrassés du fisc et des Traitants; sachons donc faire nos affaires nous-mêmes.

Reconnaissons enfin que l'impôt est la source première du Trésor public chargé de faire face aux dépenses d'intérêt général, et comprenons le double devoir qui nous incombe à cet égard :

1° Donner à l'impôt une base de plus en plus équitable

2° Donner à ses produits un emploi de plus en plus intelligent, régulier et véritablement patriotique, c'est-à-dire, répondant le mieux aux besoins légitimes du pays.

Dans le présent travail, nous avons l'intention de ne traiter qu'une seule face de cette grave question économique; nous nous bornerons à proposer à votre examen la substitution de l'IMPÔT DIRECT BASÉ SUR LE REVENU, aux quatre contributions directes perçues aujourd'hui.

Fidèle aux grands principes que nous venons de rappeler, nous allons signaler d'abord les défectuosités économiques et le manque d'équité des contributions dont nous demandons l'abolition; puis nous chercherons à exposer clairement comment l'impôt que nous proposons ici peut, non-seulement être établi sur des bases plus justes, d'après une proportionnalité plus vraie, mais peut encore devenir un élément de protection puissante et directe pour le *Travail* et pour la *Famille*, ces deux bases indispensables chez une nation qui veut marcher d'un pas sûr dans la voie du véritable progrès.

Puisse notre examen, quoique rapide, paraître concluant; et l'exposition de notre projet, quoique brève, paraître précise et non moins concluante aussi!

II

Les quatre Contributions directes sont :

La Contribution foncière, et des portes et fenêtres;

id mobilière;

id personnelle;

La Patente.

La Première, ainsi que l'indique son nom, ne porte que sur le revenu des immeubles bâtis et non bâtis; d'après l'opinion générale, elle en représente, en moyenne, du 7e au 8e. Un revenu foncier de 1,000 francs par an paie donc, chaque année, le 8e de son total ou 12 0/0, soit 120 francs; un revenu mobilier égal, et même supérieur, n'est point soumis à l'impôt direct.

Que devient alors notre grand principe de l'égalité devant la loi?

Nous ne parlerons pas de ce que peut avoir de...... sauvage! l'idée de faire payer à l'homme le jour dont il jouit sous son toit domestique, l'air que lui et ses enfants respirent à leur foyer commun; c'est cependant la conséquence de cet impôt, car il frappe aussi bien les ouvertures de luxe que les ouvertures indispensables, aussi bien les portes et les fenêtres du château, que la porte et la fenêtre de la chaumière.

En tenant ce langage, nous ne croyons pas calomnier cet impôt, mais simplement en signaler les déplorables conséquences. Chacun sait, en effet, que, sous le toit du pauvre, l'air et le jour font défaut, et cela à la campagne comme à la ville, car partout il les lui faut payer.

La Contribution mobilière, que l'on a grand tort de présenter comme étant un véritable impôt sur le revenu, a pour base l'importance du loyer du contribuable; or, l'importance du loyer est, dans un très-grand nombre de cas, déterminée, non par le revenu dont jouit le locataire contribuable, mais par la profession qu'il exerce; et beaucoup de celles qui nécessitent un grand logement ne sont pas les plus lucratives.

Bien plus: entre deux contribuables jouissant l'un et l'autre d'un revenu égal, mais l'un célibataire et l'autre père de famille, le dernier paiera une contribution mobilière plus élevée que celle payée par le premier, et cela uniquement parce que, pour loger ses enfants, il faudra au père de famille un appartement plus grand.

Cette contribution pèse donc plus lourdement sur la Famille que sur le Célibat.

La Contribution personnelle est évaluée pour toute la France à trois journées de travail; mais, dans chaque département, la journée est évaluée au même chiffre pour tous les contribuables; pour le journalier comme pour le millionnaire.

Etrange manière d'appliquer le principe de l'égalité devant la loi!

Nous pensons qu'il est sans objet d'ajouter la moindre considération critique à ce fait qui, seul, parle assez contre lui-même.

Parlerons-nous de la Patente ? Non, car, aujourd'hui, patentés et non patentés, contribuables et Gouvernement, tous savent très-bien qu'elle est insignifiante pour le grand commerce et les grandes industries, écrasante pour le petit commerce, les petites industries.

Résumons donc nos critiques.

Dans notre pensée, les bases sur lesquelles reposent ces contributions sont regrettables parce qu'elles manquent d'équité en favorisant le capital mobilier au détriment du capital foncier ; en traitant sur le même pied le contribuable peu aisé et le contribuable très-aisé ; en pesant lourdement sur les uns et touchant à peine aux autres. — Elles nous paraissent anti-sociales parce que, non-seulement leurs bases ne favorisent d'une manière directe, ni le travail, ni la famille ; mais que, loin de là, elles traitent le père de famille plus durement que le célibataire ; — parce qu'enfin, elles donnent au Trésor public, malgré tous leurs défauts, des ressources insuffisantes s'élevant à peine à 322,000,000 (non compris les centimes additionnels.)

La réforme ici préconisée, pour faire disparaître ces déplorables injustices, non-seulement devra mieux respecter le principe de l'équité, protéger d'une manière toute spéciale le travail et aussi la famille ; elle devra en même temps augmenter les ressources publiques d'une manière sérieuse, sans demander, au revenu des contribuables les plus imposés, au delà de ce que paie aujourd'hui le revenu foncier ; sans jamais faire appel à l'arbitraire, préférant de beaucoup, *en l'absence d'une base légalement certaine, faire appel à l'honorabilité, au sentiment du devoir de tous, et de chacun*, l'Etat ayant à sa disposition, pour le plus grand nombre des cas, des bases sûres et authentiques, pour réprimer la fraude,

Démontrer, ainsi que nous espérons le faire, qu'avec l'impôt proposé ces conditions peuvent-être réalisées beaucoup mieux qu'elles ne le sont par les contributions directes dont nous demandons l'abolition, sera la justification de notre proposition.

III.

La Société doit protection à tous ; dès lors tous doivent payer l'impôt destiné à lui donner le moyen d'exercer cette protection. Quand tous les citoyens sont électeurs, et même éligibles, tous doivent être contribuables : point de droits sans devoirs.

Donc, pas d'exemption d'impôt, en présence du suffrage universel.

Franklin a dit, et il faut comme le fait M. Pouyer Quertier dans son exposé des motifs du budjet de 1872, répéter souvent cette maxime : « Chacun doit contribuer aux charges de l'Etat en raison de sa fortune. » Pour observer sérieusement ce grand principe d'économie sociale, chacun doit participer à l'impôt suivant ses ressources considérées sous le double point de vue de leur importance et de leur nature. Aussi est-il juste que le revenu qui prend sa source directe dans l'exercice d'une profession, d'un état, soit moins imposé que le revenu qui provient d'économies réalisées, et représentées par un capital foncier ou mobilier.

Sans doute, ce capital est dû au travail privé, à son esprit d'ordre et d'économie ; mais, malgré son esprit d'ordre et d'économie, le travail ne pourrait, ni réaliser, ni conserver ce capital sans la protection bienfaisante de la société. De là, nous apparaît, avec justice, incomber au capitaliste un double devoir envers la société. « Il faut, comme l'a dit encore M. Pouyer-Quertier dans » ce même exposé des motifs, que l'homme qui a hérité de grands » biens de ses auteurs, ou qui les a amassés par son travail et par » les combinaisons de son intelligence, vienne en aide à ceux qui ne » se trouvent pas, en ce monde, aussi favorisés par la Providence. »

La justice nous paraît demander aussi que l'impôt soit un élément direct de protection pour la Famille, dont le développement et l'aisance intéressent, au premier chef, l'ordre social tout entier, et, qu'en conséquence, un dégrèvement soit accordé au contribuable en proportion du nombre de ses enfants mineurs. Au moins, ce dégrèvement devrait-il être accordé aux contribuables les moins aisés.

Enfin, il paraît juste que le grand principe de l'égalité devant la loi soit mieux respecté, mieux pratiqué, et c'est au nom de ce principe, que chacun proclame chaque jour comme le plus précieux bienfait dû à notre grande révolution de 89, que nous demandons, comme première mesure à prendre, le remplacement des 4 contributions directes, par l'Impôt direct, basé sur le revenu du contribuable.

A ce mot d'Impôt sur le revenu, toutes les objections qui se sont produites lors de la dernière discussion de cette question à l'Assemblée nationale nous reviennent à la pensée :

« C'est l'inquisition fiscale. »

« C'est un prélèvement certain au profit de l'Etat sur un revenu incertain et qui peut ne jamais se réaliser ! »

« C'est un impôt sur la vertu ! » (l'économie)

« C'est la ruine de la propriété foncière déjà si grevée ! »

« C'est l'arbitraire ! C'est la confiscation ! »

« C'est l'appel à la fraude ! »

« C'est le socialisme ! »... etc. Nous ne citons que les plus sérieuses.

De grâce, ne nous contentons pas de mots. Voyons les choses, regardons-les en face, et bientôt nous verrons que ces objections, sincères chez ceux qui les ont émises, sans aucun doute, ne sont cependant que des préjugés.

Pour démontrer le bien fondé de ce que nous avançons ici, nous estimons sans objet, pour le moment, d'entrer dans de longs développements, nous nous bornerons, dans nos conclusions dernières, à réunir nos preuves en un simple projet de loi dont *chacun des articles mettra à néant, une à une, ces prétendues objections.*

Ainsi que l'a dit encore avec vérité M. Pouyer-Quertier (1) : « C'est en acquittant des impôts proportionnels à la sécurité, à » l'aisance, à la propriété dont il jouit, que chacun acquiert le » droit de faire respecter ce qui lui appartient. » — Or nous ne ferons jamais qu'une pièce de cinq francs ait la même valeur dans la bourse d'un journalier et dans celle d'un millionnaire.

Cette vérité est saisissante pour qui... pense !

A elle seule, elle constitue tout notre socialisme.

Nous savons bien que pour beaucoup parmi les hommes les plus influents du moment et dont nous sommes loin de méconnaître le mérite et le patriotisme, il n'est que deux socialismes : le

(1) Même exposé de motifs, budget 1872.

socialisme par l'impôt, et le socialisme par la commune, le premier conduisant nécessairement au second. Mais, à côté de l'opinion de ces grands hommes d'Etat, nous nous rappelons en même temps l'opinion d'un grand homme de bien qui disait : « Dans le socialisme, il faut, comme en toutes choses, distinguer » le bien du mal. » Le socialisme qui repousse la violence et l'arbitraire, venant, soit d'en haut, soit d'en bas, du Pouvoir ou du Peuple ; qui demande que l'équité règne de plus en plus dans nos lois, dans l'application de nos lois ; qui comprend que, chez une nation chrétienne, les institutions sociales doivent, non-seulement n'être jamais en opposition avec la loi divine, mais doivent s'en inspirer toujours ; ce socialisme demande des réformes justes, et, loin de le repousser, nous devons, même alors qu'il paraît blesser nos intérêts matériels du moment, aller à lui les bras ouverts.

Ce socialisme, c'est le nôtre.

Ce socialisme, c'est celui de quiconque, dans nos temps d'épreuves, est assez heureux pour conserver, dans son for intérieur, l'amour de Dieu et l'esprit de charité que cet amour inspire ; et qui, comme tel, désire la réalisation prochaine, sans violence, sans révolution nouvelle, des réformes améliorant de plus en plus nos institutions sociales, nos lois et l'application de nos lois ; en première ligne de nos lois bursales qui touchent tous les citoyens, grands et petits, savants et ignorants, riches et pauvres.

IV.

Chose triste à dire, dans l'état actuel de notre administration financière, il n'est pas possible de savoir ce que possède tel ou tel contribuable, même en propriété foncière ! Mais l'administration de l'enregistrement, cette vieille institution française, si essentiellement d'ordre public à son origine, mais dont on a eu

---

(1) Ce qui n'empêche pas de prétendus économistes de présenter le nombre des cotes comme donnant celui des propriétaires ; — De prouver (de croire prouver) le nombre des petits propriétaires fonciers par le nombre des petites cotes ; comme si un riche propriétaire, dont les domaines sont principalement situés sur une même commune, ne possédait pas toujours quelques pièces de terres sur les communes voisines où il se trouve coté seulement pour quelques francs ; et même pour quelques centimes.

le grand tort de faire une véritable machine à battre monnaie, possède des documents épars qui, réunis, permettront de connaître, dans un très-grand nombre de cas, la fortune mobilière et la fortune immobilière des contribuables.

Tels sont les inventaires après décès, les contrats de mariages, les partages, les ventes, les donations, les testaments, les obligations, les déclarations de successions, les situations des compagnies et sociétés commerciales et industrielles par actions, etc.

Ces précieux documents, l'Etat les possède, et il n'est jamais venu à l'idée de personne de crier : à la Vexation ! parce que tout contribuable qui hérite est tenu de faire la déclaration de la fortune dont il hérite; — à l'Inquisition ! parce que tous les actes, même les plus secrets dans la famille, sont aux mains d'une administration publique. C'est que, depuis des sièles, on a reconnu que de semblables mesures, loin de porter préjudice aux contribuables, touchent aux intérêts de tous en les assurant et les garantissant.

L'Angleterre n'avait pas ces documents à sa disposition, et cependant, devant ses besoins sociaux, bien moins pressants que ceux qui pèsent sur nous d'un poids si lourd, elle n'a pas hésité à voter l'impôt sur le revenu.

M. Gladstone, après avoir exposé devant le Parlement toutes les difficultés rencontrées pour l'application de l'income-tax, s'exprimait ainsi :

« Néanmoins, il est impossible de renoncer pour le moment à » l'income-tax, à moins de recourir à *des aggravations ou créa-* » *tions d'impôts encore plus impopulaires.* » Le ministre rappela les services rendus par ce puissant instrument de finance qui, dit-il, « *avait été pour l'Angleterre son bouclier pendant la guerre;* » *qui l'avait ensuite aidée, pendant la paix, à développer son in-* » *dustrie, et qui, habilement ménagé, la mettrait encore à même, si* » *les circonstances l'exigeaient, de défier le monde.* »

En résumé, dit encore M. Gladstone, après avoir examiné et discuté les principaux griefs auxquels donne lieu l'income-taxe, « le gouvernement pense que cet impôt est un instrument d'une » PUISSANCE GIGANTESQUE POUR ACCOMPLIR DE GRANDES RESSOURCES, POUR ACCOMPLIR LES GRANDES ENTREPRISES NATIONALES. »

Et nous, qui avons en mains ce que n'avait pas l'Angleterre, des documents légaux si précieux, soit pour asseoir cet impôt, soit pour contrôler les déclarations des contribuables, et qui pouvons par conséquent prévenir, ou réprimer, les déclarations entachées de fraude; alors que nous avons besoin d'un instrument de finance gigantesque pour accomplir la plus gigantesque des entreprises nationales, la réorganisation, la régénération de notre malheureuse France, nous repousserions ce bouclier de guerre, si puissant pendant la paix pour développer l'industrie et le commerce de notre pays! Nous repousserions cette force financière, avec laquelle, si les circonstances le voulaient, nous pourrions encore, nous aussi, défier le monde!

Votre patriotisme dira non, en présence des besoins impérieux de notre Trésor public. Et ceux même d'entre vous qui ne sont pas encore convaincus de la possibilité d'établir cet impôt d'une manière sérieusement productive, sans faire appel à l'arbitraire, l'adopteront enfin, aussi bien que ceux qui sont convaincus du succès qu'on en peut attendre. Ils l'adopteront, plutôt que d'aller demander encore l'argent dont nous avons besoin à de nouveaux impôts indirects, déjà si nombreux, chacun arrêtant, à tous moments, le contribuable dans son industrie, dans son commerce, dans son travail de chaque jour. Ils reconnaîtront que l'arbitraire, de la part de l'Etat, peut être évité d'une manière absolue, et que la fraude, de la part du contribuable, trouve l'Etat suffisamment armé pour la combattre et la punir légalement dans le plus grand nombre des cas.

A cet égard, qu'il nous soit permis de dire que dans une société comme la nôtre, la fraude, en matière d'impôt, prend sa source beaucoup plus dans le manque d'équité de la loi et dans le mauvais emploi des deniers publics, que dans l'intérêt privé du contribuable. Ce dernier sait très-bien que, sous une forme ou sous une autre, il faut qu'il paie à l'Etat ce dont l'Etat a besoin; mais quand il voit méconnaître dans nos lois bursales, dans l'emploi qui est fait de leurs produits, les principes les plus élémentaires de la justice, le *sensus communis* se révolte en lui, et il y a dans l'air comme un sentiment général de protestation, duquel naît la fraude, et, dans un temps donné, la révolte. Cette situation malheureuse existe en France à l'état chronique et général; dans toutes les conditions sociales et pour chacun de nos nombreux impôts, la fraude est grande, nous le savons; mais si nous connaissons le mal, cherchons-lui un remède. A ce mal chronique, opposons un remède énergique; donnons à l'impôt une base qui satisfasse sérieusement ce même *sensus communis*; donnons aux produits de l'impôt un emploi intelligent, régulier et véritablement patriotique. Alors, gardez-vous d'en douter, l'impôt sera respecté, au moins par le plus grand nombre.

Et puis, *au point de vue moral*, c'est moins l'importance de la fraude comme chiffre, que son importance comme application quotidiennement fréquente, qu'il importe de combattre. — Et ce serait là un des résultats heureux de l'adoption de l'Impôt sur le revenu, substitué à quatre contributions, *ouvrant chacune une porte à la fraude*. — Enfin, cette réforme pourrait permettre, dans un temps plus heureux, de supprimer un grand nombre d'impôts indirects pesant aujourd'hui si lourdement sur les petites fortunes, le petit commerce, les petites industries; *impôts* NOMBREUX *qui* TOUS *donnent*, CHAQUE JOUR, *ouverture à des* FRAUDES NOMBREUSES.

Penser le contraire au milieu des difficultés d'argent qui nous enserrent de tous côtés; alors que, par cet impôt direct établi d'après une proportionnalité équitable, l'Etat arrive enfin à une répartition plus juste des charges publiques; alors que cet impôt met en ses mains un élément nouveau de moralisation par la protection directe qu'il peut y puiser pour le Travail et pour la Famille, c'est en vérité désespérer de la France tombée; — de la France tombée bas, très-bas, nous le reconnaissons; mais qui se relèvera, quoi qu'il en soit, parce qu'elle a le cœur et l'esprit généreux, malgré ses égarements.

Dans ce but, étudions sérieusement les questions politiques et économiques qui peuvent contribuer à notre génération.

N'acceptons rien, ne repoussons rien sans l'avoir soumis à un laborieux examen.

Or, nous le demandons, le veto prononcé il y a peu contre l'impôt sur le revenu, a-t-il été précédé d'une étude sérieuse? Il est vrai que le temps a manqué pour que cette étude fût possible, sérieusement possible. Lorsque la question fut soumise à l'Assemblée nationale, il fallait trouver immédiatement des ressources pour faire face à des besoins pressants, et, *même à l'heure actuelle, les matériaux indispensables pour une discussion sérieuse sur cette importante question économique, sont loin d'être réunis*. Aussi, ne demandons-nous pas la présentation immédiate d'une loi sur cette matière; mais ce que nous demandons, avec insistance, c'est qu'*immédiatement* il soit formé une commission, composée d'économistes et d'hommes pratiques (1), chargée d'examiner cette proposition;

A savoir :

Sans grever les revenus divers, les plus imposés, d'un impôt supérieur à celui que paie aujourd'hui le revenu foncier, est-il possible de procurer à l'Etat une ressource annuelle de un milliard, sans jamais faire appel à l'arbitraire ?

Pour résoudre affirmativement cette question, pour se convaincre que l'Impôt direct, basé sur le revenu peut, sans faire appel à l'arbitraire, sans demander aux contribuables, les plus imposés, un impôt dépassant celui qui grève aujourd'hui le revenu foncier, donner à l'Etat une ressource annuelle de un milliard, il nous semble qu'il suffit de reconnaître que le revenu annuel de la France ne peut être porté à moins de 20 milliards; chiffre représentant le minimum aujourd'hui incontesté (2).

Et comment ce chiffre pourrait-il être contesté quand, dès 1850, il y a bientôt 25 ans (3), les statistiques les plus autorisées portaient à 7 milliards le revenu des capitaux engagés dans l'ex-

(1) D'hommes véritablement pratiques, c'est-à-dire d'hommes occupant les diverses positions qui composent non-seulement l'administration centrale, mais aussi le personnel des services de province: directeurs, inspecteurs, vérificateurs, contrôleurs, receveurs. Tout au moins cette commission devrait-elle entendre un certain nombre de ces fonctionnaires.

(2) C'est le chiffre fourni par MM. Elisée et Elie Reclus. M. Block le porte à 22 milliards et le divise comme suit :

Agriculture	7,700,000,000
Grandes industries	6,000,000,000
Petites id.	6,000,000,000
Professions et commerce	3,000,000,000
	22,700,0000,000

(3) En 1850, les statistiques les plus autorisées, basées sur les chiffres officiels, attribuaient aux capitaux engagés dans l'industrie agricole, un revenu annuel de 6 à 7 milliards; dans ce chiffre, les bénéfices annuels donnés par la seule race bovine figurent pour 1 milliard, 895 millions.

Les mêmes statistiques portaient les capitaux engagés dans cette industrie de 80 à 100,000,000,000 (en moyenne 90,000,000,000).

D'après Mac-Qeen, à la même époque, les capitaux engagés dans cette industrie en Angleterre étaient de 82,775,000,000.

ploitation de la propriété foncière? Admettons que ce revenu ne soit pas augmenté depuis lors; admettons que le revenu des capitaux engagés dans toutes les autres industries ne le dépasse pas, cela donne alors 14 milliards; restent, pour représenter le revenu du travail proprement dit, 6 milliards (1).

Y a-t-il donc dans ces chiffres la moindre exagération? N'est-on pas fondé, au contraire, à penser qu'ils sont au-dessous de la vérité? Quoi qu'il en soit, acceptons-les pour base de notre étude.

Appliquons à ce revenu un impôt établi sur une proportionnalité telle qu'il donne au Trésor public seulement un vingtième de ce revenu total, soit 5 0/0, et l'on aura une ressource annuelle de un milliard.

Cet impôt, fût-il *doublé* par les centimes additionnels, ne dépasserait pas encore, pour les plus imposés, l'impôt qui est payé aujourd'hui par le revenu foncier, les petits comme les grands, surtout si nous supprimons les octrois, véritables douanes intérieures, et les remplaçons par des centimes additionnels (2).

Parmi les opposants, il en est qui reconnaissent que l'impôt sur le revenu serait une *chose juste si elle pouvait être mise en pratique*; mais, disent-ils, elle n'est pas praticable.

Messieurs, la nécessité nous presse; consentez de grâce, à un examen sérieusement contradictoire, et bientôt, non-seulement la mise en pratique de cette grande mesure économique vous paraîtra possible, mais encore facile; et vous reconnaîtrez alors qu'il y a là pour le pays, non-seulement une source puissante pour augmenter les recettes du Trésor public, *mais un moyen de diminuer ses dépenses.*

Nos besoins sont grands!

Nos ressources sont grandes aussi! Mais pour réaliser ces ressources, les porter à la hauteur des besoins pressants du pays,

---

(1) Le revenu des terres soumis à l'income-tax, en 1867, a été pour

L'Angleterre	8,201,561,000
L'Écosse	826,485,000
L'Irlande	635,362,000
Total	9,663,358,000

(2) En Angleterre, pays si souvent donné pour exemple, et où l'on affirme que la propriété foncière n'est pas grevée comme elle l'est en France, *la seule taxe des pauvres était de 9 pour cent*, du revenu; en Irlande de 9 ½ pour cent, dès 1850. elle n'a pas diminué depuis lors, loin de là.

au grand profit de notre régénération nationale, il faut franchement renoncer à les demander à nos anciens impôts indirects, vivants, ou à faire revivre : c'est là, la dernière mesure à prendre au point de vue de l'équité, comme au point de vue de l'économie sociale. — La raison en est simple : Tous ces impôts ont pour bases les choses les plus nécessaires à la vie et au travail de chacun, par ce motif..... barbare !..... que ces choses ne peuvent échapper à l'impôt, étant de nécessité première ! Ce motif devait suffire, seul, pour exempter ces mêmes choses de tout impôt, ou du moins pour les imposer le moins possible.

Que ce moyen soit employé comme moyen prompt de faire face à nos charges de l'année courante, soit ! C'est un sacrifice très-dur, mais qui ne peut être au-dessus de notre patriotisme.

Ce sacrifice fait, continuer dans cette voie, ce serait marcher, le cœur léger, à la ruine du pays ; aussi, de toutes les forces de notre amour pour la France, sollicitons-nous l'étude du système que nous proposons ici et que nous résumons aujourd'hui dans le projet de loi suivant ; préférant cette forme brève et précise à de longs développements.

En 1791 l'impôt foncier fut fixé au cinquième du revenu, soit à vingt pour cent.

Ce revenu alors évalué à 1,200,000,000, donna un impôt foncier s'élevant à 240,000,000 en principal.

Les besoins du Trésor public étaient grands alors, et large fut la base adoptée ; aujourd'hui les besoins du Trésor public sont certainement aussi grands qu'ils le furent à cette époque : le patriotisme des fils sera-t-il moindre que le patriotisme des pères ?

Pour l'honneur national, cela ne peut pas être.

En résumé, l'adoption de l'Impôt direct, basé sur le revenu, serait une puissante source de produits pour sortir de la triste position dans laquelle a été placée la France, pour payer sa rançon.

L'ordre rétabli, les Prussiens payés et partis, le commerce et l'industrie rentrés dans leur voie de prospérité, cet impôt permettrait la suppression de bien des charges indirectes; permettrait de rendre l'enregistrement à sa mission première d'Institution d'ordre public, et cela au grand avantage de l'industrie agricole et des transactions commerciales sur lesquelles il pèse de plus en plus d'une manière si lourde ; — C'est-à-dire, au grand avantage de l'intérêt général. Surtout n'oublions plus que, si le pays est intéressé au développement de toutes nos industries il l'est doublement au développement de l'industrie agricole, source première de notre richesse nationale, et que cependant, de toutes nos industries, cette dernière est la plus mal traitée par l'ensemble de nos lois bursales toutes dictées sous la pression des besoins du moment et trop souvent oublieuses de bonnes conditions économiques qui importent tant à l'avenir du pays.

DEUXIÈME PARTIE

I

La source principale du revenu public consisterait donc, ainsi que nous venons de l'exposer, dans les produits de l'Impôt direct; puis viendraient, pour en compléter les ressources, les droits de transmission des valeurs immobilières et des valeurs mobilières ; — les uns perçus au moyen de la formalité de l'enregistrement, les autres perçus comme droits de consommation et de circulation ; — enfin, les droits de douane, la vente monopolisée des tabacs, des cartes à jouer, des poudres, la marque d'or et d'argent, etc...

Pour le moment, nous ne parlerons point des réformes possibles relativement à ces divers impôts, soit en ce qui concerne leurs bases, soit en ce qui concerne leur mode de perception ; nous dirons seulement que le pays trouverait un immense avantage en confiant à une seule administration, et la perception de l'impôt direct portant sur le revenu des valeurs mobilières comme sur celui des valeurs immobilières, et la perception des droits de transmission portant sur ces mêmes valeurs et aujourd'hui confiée aux agents de l'administration de l'enregistrement, des domaines et du timbre.

Nous regardons comme indispensable de réunir en une seule administration le service des contributions directes et celui de l'enregistrement, parce qu'en réunissant, dans la même main, tous les documents qui servent à asseoir les impôts divers qui portent sur la même valeur, on assure une marche plus régulière dans la direction du service et dans l'action de chacun des agents chargés de la perception.

Nous croyons sans objet d'entrer ici dans de longs développements pour expliquer sur quelles bases cette administration devrait être organisée, quelle réglementation de détails il conviendrait de lui donner : ces développements en effet ne peuvent être utilement exposés que contradictoirement devant des hommes véritablement pratiques, se rendant un compte exact des divers rouages de cette grande et trop compliquée machine que l'on nomme l'administration française. Machine que, depuis longtemps, on a reconnue insuffisante ; que, vingt fois, on a montée et remontée, toujours changeant avec grand soin le nom de ses rouages, mais conservant ses vieilles bases, qui ont certainement eu leurs raisons d'être alors qu'il s'agissait de fortifier le pays en centralisant l'action du Pouvoir, mais qu'il convient aujourd'hui de remplacer par une organisation nouvelle, entièrement nouvelle, par la raison bien simple que la société française de 1872 ressemble fort peu à celle de l'an VII, époque de sa grande réorganisation ; —Elle ne ressemble pas davantage à ce qu'elle était en 1804, 1814, ni même à ce qu'elle était en 1830. A des besoins sociaux entièrement nouveaux, il faut une administration financière du pays entièrement nouvelle.

Nous nous bornerons donc, pour le moment, à tracer à grands traits, les bases principales sur lesquelles doit reposer le nouveau service que nous proposons ; nous réservant de leur donner un plus grand développement, s'il y a lieu.

II.

Dans chaque canton serait établi un bureau de l'Impôt direct, de l'enregistrement, des domaines et du timbre chargé de former le Compte ouvert de chaque contribuable domicilié dans le ressort.

Le premier établissement de ce compte serait fait :

1° Pour l'actif immobilier, au moyen de la matrice cadastrale aujourd'hui déposée dans chaque commune et au chef-lieu de chaque département. Il va sans dire que chaque compte figurant sur la matrice cadastrale ne serait point détaillé au compte ouvert, mais qu'on ne porterait à ce dernier que le total, par commune, des articles concernant le même contribuable.

2° Pour l'actif mobilier, au moyen du relevé des inscriptions hypothécaires prises depuis dix ans et dont renvoi serait fait par le conservateur des hypothèques, tant au bureau du domicile du débiteur, qu'au bureau du domicile du créancier, admettant, bien entendu, que l'impôt direct sur le revenu ne porterait que sur le revenu net du contribuable.

Ce premier travail reposerait donc sur des renseignements authentiques ; il serait néanmoins susceptible de rectifications, car toutes les mutations immobilières ne sont point annotées sur la matrice cadastrale, comme aussi toutes les inscriptions, concernant des créances remboursées, ne sont point radiées ; mais les contribuables lésés par ces irrégularités, provenant de leur fait, s'empresseraient de les faire régulariser lors de leur première inscription au rôle de l'impôt direct. Du reste, les mutations non annotées sur la matrice peuvent être plus ou moins nombreuses, mais il est certain que, généralement, elles ne concernent que des immeubles de peu d'importance.

Pour tenir au courant le Compte ouvert de chaque contribuable ainsi établi, mention y serait faite des obligations, des actes attributifs ou translatifs des valeurs mobilières ou immobilières, des quittances, décharges et mainlevées concernant le titulaire de chaque compte.

Mention serait faite aussi, mais comme renseignement utile à consulter, des contrats de mariage, des baux, des actes de société, des successions, etc...

Ces diverses annotations seraient faites par le receveur du bureau dans le ressort duquel se trouverait le domicile du contribuable, tant au moyen des actes soumis à la formalité de l'enregistrement audit bureau, qu'au moyen de renvois, que ferait chacun de ces receveurs, des enregistrements des actes par eux formalisés et concernant des contribuables domiciliés hors du ressort de leur bureau. C'est du reste ce qui se fait aujourd'hui pour permettre la tenue des tables aphabétiques imposées à ces agents; tables qui cesseraient désormais d'exister, le Compte ouvert résumant et complétant même les documents qu'elles résumaient sous des formes diverses.

Pour diminuer, d'une manière notable, les frais de perceptions, pour simplifier les opérations diverses confiées aux receveurs, la formalité de l'enregistrement, si utile au point de vue de chaque contribuable, par la date certaine qu'elle donne aux transactions, la centralisation et la conservation des divers documents qui intéressent eux et leurs familles, serait nécessairement maintenue, mais son mode d'exécution serait réglé désormais comme suit :

1° Pour les obligations, les quittances, les décharges et main-levées, les jugements liquidatifs, translatifs ou attributifs de valeurs mobilières ou immobilières, et tous les actes synallagmatiques, par le dépôt d'une double minute.

2° Pour tous les autres actes, procès-verbaux, exploits, jugements, ils seraient présentés à la formalité appuyés d'un bordereau énonçant chaque pièce à formaliser. Ce bordereau serait établi du reste dans la forme déterminée par le règlement administratif à intervenir.

Les dépôts des actes de la première série, et les bordereaux dont parle la deuxième, après vérification et liquidation des droits par le receveur, seraient inscrits sur un registre spécial dont la forme correspondrait aux registres des dépôts tenus par les conservateurs des hypothèques conformément à l'article 2,200 du code civil, et, comme eux, arrêtés chaque jour.

En procédant ainsi pour l'enregistrement des actes et contrats, les formalités de l'enregistrement seraient désormais expédiées d'une manière beaucoup plus prompte, et le travail intérieur des receveurs serait considérablement diminué.—L'adoption de cette mesure serait d'une très-grande utilité, même en laissant l'administration de l'enregistrement avec son organisation actuelle ; car elle permettrait de diminuer considérablement le personnel.

Pour donner aux Comptes ouverts la plus grande régularité possible, tous les actes sous-seings privés portant obligations de sommes, transmissions en attributions de valeurs mobilières ou immobilières, seraient soumis à la formalité de l'enregistrement dans les trois mois de leur date, sous peine d'une amende double du droit exigible, au minimum de 25 francs (1).

Seraient seuls exceptés les effets de commerce souscrits entre industriels ou commerçants, qui continueraient à être soumis à cette formalité, dans les cas prévus par les lois antérieures.

Pour le moment nous arrêterons notre travail à cette simple exposition, base mère du service dont nous proposons l'or-

---

(1) Comme conséquence de cette mesure, intéressant et l'ordre public, et les produits de l'impôt, tous les droits d'enregistrement seraient, *le plus tôt possible*, réduits à la moitié au moins de ce qu'ils sont aujourd'hui.

Les droits de mutation par décès, ceux de donation entre-vifs seraient perçus d'après le tarif ci-après :

ganisation. Son exposition complète veut être faite d'une manière contradictoire; pour la développer ici, il faudrait un volume entier; et le temps nous manque, aussi bien que certains documents officiels indispensables pour lever toutes les objections qui ne manqueront pas d'être faites, et convaincre les incrédules. — Mais nous estimons qu'il est utile d'écarter, de suite, une des principales objections faites à l'établissement de l'Impôt direct que nous préconisons ici : il faudra toute une armée d'employés ! a-t-on souvent dit et redit.

D'après les simples indications qui précèdent, nous avons l'intime conviction que les hommes pratiques reconnaîtront avec nous que le personnel nécessaire pour faire marcher régulièrement l'Administration de l'Impôt direct, de l'enregistrement, des domaines et du timbre établie sur les bases que nous venons d'indiquer, sera beaucoup moins nombreux que le personnel attaché aujourd'hui aux deux services des contributions directes, et de l'enregistrement.

Par le simple aperçu que nous allons donner, il sera facile de comprendre que nous ne nous faisons pas d'illusions à cet égard.

Aujourd'hui, l'Administration de l'enregistrement, des domaines et du timbre, laissant de côté les conservateurs des hypothèques sur lesquels nous nous expliquerons dans un autre travail, compte un personnel dont le nombre des employés n'est pas inférieur à 3,600

L'Administration des contributions directes, laissant de côté les receveurs particuliers et les receveurs généraux, sur lesquels nous reviendrons bientôt. 7,900

TOTAL. 11,500

Pour quel chiffre ce personnel entre-t-il dans les 258,000,000 qui figurent au budget des dépenses du ministère des Finances, pour 1872, sous les titres de : 1° service général ; 2° frais de régie, de perception et d'exploitation des impôts? Il nous est difficile

---

En ligne directe et entre époux	2 %
Entre frères et sœurs	4
Entre neveux et nièces, oncles et tantes	7
Cousins germains	10
Autres parents jusqu'au 12e degré	12
Entre personnes non parentes	14

Les dettes, justifiées par actes ayant date certaine avant le décès, seraient déduites de l'actif de la succession pour la perception de ce droit de mutation.

de le dire exactement; si nous portons cette dépense seulement au chiffre moyen de 5 °/o des recettes effectuées pour le compte de l'Etat par l'administration des contributions directes et par celle de l'Enregistrement, des Domaines et du Timbre, nous arrivons au chiffre de 44,727,000.

L'organisation proposée nécessiterait un personnel composé au plus de 7,700 employés dont la dépense ne s'élèverait pas à 30,000000, *tout en augmentant d'une manière sérieuse le traitement attaché aux emplois inférieurs.*

Voici ce que pourrait être ce personnel :

SAVOIR :

(*Exposé toujours simplement démonstratif et pouvant être modifié de diverses manières.*)

1° SERVICE DES DÉPARTEMENTS.

89 directeurs,	3 classes,	traitement moyen	10,000	ci	890,000
89 s.-directeurs	id.	id.	6,000	id.	534,000
90 1ers commis	id.	id.	2,500	id.	225,000
300 inspecteurs	id.	id.	6,000	id.	1,800,000
1,000 contrôleurs.-vérifr.	id.	id.	3,500	id.	3,500,000
3,000 id. recev.	id.	id.	2,500	id.	7,500,000
2,000 receveurs	6 classes	id.	5,000	id.	10,000,000
1,000 com. de comptabilité et d'ordre	3 classes	id.	1.500	id.	1,500,000
7,568					25,949,000

FRAIS DE BUREAU ET DE TOURNÉE.

Chiffre moyen par directeur.	3,000	1,900,000
Par inspecteur	600	
Contrôleur-vérificateur.	400	
Contrôleur-receveur.	400	
		27,849,000

2° ADMINISTRATION CENTRALE.

132 employés coûtant, au plus.		2,151,000
7,700	(100 employés suffiront.)	30,000,000

En résumé, l'adoption de l'Impôt direct sur le revenu dont l'assiette et le recouvrement seraient confiés, comme nous le demandons, à l'Administration dont nous venons d'indiquer la composition du personnel, procurerait

Immédiatement :

1° *Au Trésor public,* une grande augmentation de recette ; et, en même temps, une notable diminution dans les frais d'administration.

2° *A un grand nombre d'employés,* une très-sérieuse augmentation de traitements.

Prochainement :

1° *Pour le trésor* une modification heureuse, au point de vue de la prospérité nationale, dans l'ensemble de nos impôts indirects ; de nouvelles diminutions de dépense par la suppression des Recettes particulières, la réorganisation des Recettes générales ; et beaucoup moins de retraites à payer, le nombre des agents étant considérablement diminué.

2° *Pour les communes,* pour le pays tout entier, le grand bienfait de l'abolition des Octrois (Droits et Administration).

Aussi, même alors que l'établissement de l'Impôt direct sur le revenu serait retardé par l'étude sérieuse qui doit en précéder l'adoption, nous croyons que la réunion de l'Administration de l'enregistrement, des domaines et du timbre, avec l'Administration des contributions directes serait une sage mesure, non-seulement pour régulariser et compléter la perception de l'impôt, mais aussi parce qu'elle faciliterait beaucoup, répétons-le, la suppression immédiate de toutes les Recettes particulières.

PROJET DE LOI

Simplement démonstratif, c'est-à-dire pouvant être modifié de diverses manières.

ARTICLE Ier.

A partir du 1er janvier 187..., les quatre contributions directes sont abolies et remplacées par l'Impôt direct, désormais perçu sur les bases ci-après, (— *bases également purement démonstratives* : —)

Dégrèvement de la propriété foncière. — Protection due au travail.

10 0/0 pour les revenus provenant de capitaux réalisés ;

6 0/0 pour les revenus provenant de l'exercice d'une profession.

Cet impôt est exigible par douzième et payable au bureau de perception dans le ressort duquel est fixé le domicile légal du contribuable.

En cas de non-déclaration, ce domicile sera fixé à la dernière résidence, en France, du contribuable, au moment de la confection du rôle.

ARTICLE II.

Les revenus mixtes, c'est-à-dire ceux qui sont obtenus par les propriétaires faisant valoir eux-mêmes leurs capitaux fonciers ou mobiliers, — seront classés dans la première catégorie pour la portion de leur revenu représentant l'intérêt légal de leur capital exploité ; pour le surplus, ils paieront la taxe fixée pour la deuxième.

Protection due à la Famille.

Pour la perception de l'impôt, l'intérêt légal est fixé à 5 0/0.

Une déduction de cinq pour cent est accordée à chaque contribuable par chaque tête d'enfant mineur, ou d'incapable à sa charge.

ARTICLE III.

nu *réalisé* comme base l'impôt.

Le revenu réalisé pendant l'année écoulée, servira de base pour la perception de l'impôt de l'année suivante.

Le revenu imposé est arrêté dans chaque commune, et chaque année, par une ou plusieurs commissions composées chacune;

e moindre itraire.

1° d'un agent de l'administration de l'impôt;

2° de deux conseillers municipaux désignés par le Conseil général.

Cette fixation sera faite sur la simple déclaration du contribuable; en cas de non-déclaration, d'après les documents réunis par l'administration. Ces documents pourront être opposés au contribuable déclarant; en cas de contestation de sa part, la question sera jugée en appel par une commission cantonale composée :

1° d'un agent de l'administration de l'impôt;

2° du maire du chef-lieu de canton;

3° du juge de paix;

Et, en dernier ressort, par une commission de trois membres pris dans le Conseil général et par lui choisis, l'administration de l'impôt entendue.

Le tout sans frais.

ARTICLE IV.

e garantie écution ant sur ntérêt ntribuable

En cas de fraude régulièrement constatée, il sera dû, à titre d'amende, un droit double du droit frustré. Cette amende sera soumise à la *prescription trentenaire*; elle sera exigée du contrevenant, et, *en cas de décès, de ses ayant-droits* (1).

---

(1) Ainsi donc :

Au moyen du *Compte ouvert*, on retrouve le contrat de mariage du contribuable, toutes les mutations enregistrées qui le concernent (acquisitions, donations, obligations, legs, successions, enfin la déclaration de sa propre succession, etc...).

Au moyen de *cette disposition* pénale, les fraudes commises au préjudice du Trésor seront, pour le plus grand nombre des cas, légalement constatées. Alors le contrevenant qui aura fraudé pendant plusieurs années, ou sa succession, paiera trois fois la somme fraudée.

Soit par exemple, une fraude de 500 francs par an, pendant 4 ans la somme à payer, en conséquence de sa constatation, sera de 6,000.

Cette mesure législative est bien de nature, à elle seule, à arrêter bon nombre de contribuables dans la voie de la fraude.

Elle n'est pas nouvelle dans notre législation pénale, car elle règle le recouvrement des amendes dues pour contraventions aux lois sur le timbre.

Et puis, cette solidarité de famille pour imposer le respect de la loi à ceux qui et euxième garantie reposant sur l'amour-propre et l'honorabilité de l'individu

En cas de récidive, le contrevenant sera privé de ses droits politiques ; mais cette peine ne pourra excéder cinq ans et sera prononcée par la commission cantonale, dont les jugements seront susceptibles d'appel devant la commission nommée par le Conseil général.

Le jugement, ou l'arrêt confirmatif en cas d'appel, sera affiché pendant un mois à la porte de la mairie du domicile du contrevenant. Il pourra être publié dans le journal de la localité dudit domicilié, deux fois, de huitaine en huitaine, et aux frais du condamné.

Article V.

Les octrois sont abolis ; cependant pour toutes les Communes qui en feront la demande l'application de cette mesure pourra être retardée jusqu'en 187...

Des centimes additionnels à l'impôt sur le revenu pourront être votés dans les formes ordinaires pour remplacer les produits de l'octroi.

Des centimes additionnels pourront être votés aussi pour subvenir aux dépenses départementales.

Article VI.

L'administration chargée de la préparation des rôles et de la perception de l'impôt, prend le nom de :

Administration de l'impôt direct, de l'enregistrement, des domaines et du timbre.

Un réglement administratif arrêté par le pouvoir exécutif déterminera l'application de la présente loi.

Ainsi donc Liberté de déclaration pleine et entière.

Mais en présence du juste et non-moins puissant moyen de répression édicté par l'article IV ci-dessus, en présence des nombreux documents, tous authentiques, consignés au Compte ouvert du contribuable, il est facile de comprendre, et le contribuable comprendra bientôt que, s'il est libre de frauder, sa fraude peut être pour lui ou pour les siens, sinon une cause de ruine, au moins une source de grave dommage ; car, tôt ou tard, pas une fraude sérieuse échappera à une répression aussi sévère que juste.

sont portés à la violer est par elle-même une cause de moralité publique ; sous son impulsion, le contribuable respectera la loi d'abord, par intérêt bien entendu, puis par habitude, cette seconde nature si puissante chez l'homme.

TABLEAU

résumant les bases et les produits de l'impôt proposé.

Le revenu annuel de la France étant accepté pour le chiffre de 20,000,000,000, se divisant comme suit :

1° Revenu des capitaux engagés dans l'exploitation de la propriété foncière (*maisons, terres, cheptels*). ci . . .	7,000,000,000
— Id. — autres industries. . . . . (Capitaux seuls.)	7,000,000,000
	14,000,000,000
2° — Id. — dûs aux professions diverses.	6,000,000,000
Total	20,000,000,000
IMPOT.	
10 % sur 14,000,000,000 ci.	1,400,000,000
6 % sur 6,000,000,000 ci	360,000,000
	1,760,000,000
A déduire : 5 % au profit des contribuables de la seconde catégorie par chaque tête d'enfant mineur ou incapable à leur charge, soit.	500,000,000
Reste	1,260,000,000

STATISTIQUE sur la population de France en 186

	PROPRIÉTAIRES ET PATRONS ET LEURS FAMILLES			EMPLOYÉS OUVRIERS DOMESTIQUE et leurs familles
	Prop. et Patrons	Familles	Total	
Agriculture	3,576,200	8,841,000	12,417,200	7,801,900
Industrie	1,661,600	3,285,000	4,946,600	6,012,100
Commerce.	433,000	750,000	1,183,000	334,000
Professions mixtes (chemin de fer, sociétés de banque et crédit.	67,000	142,000	209,000	886,000
Totaux. .	5,737,800	13,018,000	18,755,800	14,413,000
Professions libéral.			558,000	»
id diverses			200,000	»
Arts et sciences.			62,000	»
Salariés par l'Etat. — Fonctionnaires et soldats			450,000	550,000
Rentiers, et gens sans profession vivant bourgeoisement. . .			1,800,000	»
Totaux.			21,825,800	14,963,000
Déclassés (métiers interlopes, mendiants, infirmes, sans famille, vagabonds . . .				1,211,200
				1,6, 174200

…rès documents puisés à source officielle.

TOTAUX par ARTICLE
…9,598,100
…,958,700
…,517,000
…,095,000
…,168,800
558,000
200,000
62,000
…,600,000
…,800,000
…,788,800
…,211,200
…,000,000

OBSERVATIONS

La moitié de la population de la France vit donc par l'industrie agricole

Le nombre des propriétaires vivant, eux et leurs familles, du produit de cette industrie, dépasse celui des prolétaires qu'elle emploie ; il en est autrement pour les autres industries diverses.

Dans le commerce, le nombre des prolétaires ne représente que le 1/5 environ des individus qui y trouvent leurs moyens d'existence ; mais 433,000 marchands pour une population de 38,000,000 d'habitants paraît une véritable calamité sociale, car cela donne plus d'un marchand pour cent habitants !

1,211,200 de déclassés, c'est peu dans une société philanthropique ;

Dans la libre et aristocratique Angleterre, pays qui nous est si souvent cité comme modèle, les indigents secourus s'élèvent à 3,000,000, sur 18,000,000 d'habitants, ce qui donne un pauvre sur six habitants. — Dans Londres seulement, dont la population en 1850 était de 2,300,000, on comptait alors 80,000 prostituées, 115,000 voleurs, 480,000 pauvres secourus, total : 675,000, 1/2 de ce que l'on compte pour toute la France.

Mais cela paraît énorme dans une société chrétienne. Il est vrai que la France ne veut plus être chrétienne..... le progrès, la science s'y opposent, disent MM. les hommes *dits* de progrès.

Ce qui est énorme aussi c'est notre grand nombre d'employés.

En résumé sur une population de..........		38,000,000
On trouve : comme vivant de l'exploitation de leur capital, 1° .	18,755,800	
2° .	1,800,000	
	20,555,800	
comme vivant de travaux intellectuels	1,270,000	
comme vivant de travaux manuels .	14,963;000	
	36,788,800	
comme vivant aux dépens de tous .	1,211,200	
		38,000,000

www.ingramcontent.com/pod-product-compliance
Ingram Content Group UK Ltd.
Pitfield, Milton Keynes, MK11 3LW, UK
UKHW032028260826
14628UKWH00006B/2817

9 782014 454437